VOYAGE
DE
SORÈZE A AUCH.

VOYAGE

DE

SORÈZE A AUCH,

PAR

Mr. C. A. CHAUDRUC.

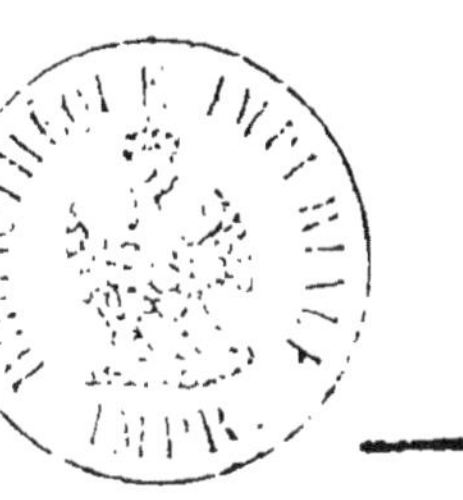

M. DCCC. VII.

VOYAGE
DE
SORÈZE A AUCH.

LETTRE A Mr. R. D. F.

Thermidor an X.

DES bords du Gers honneur et joie,
Maître aimable de ces beaux lieux,
Où le Dieu d'Hélicon déploie
Ses trésors les plus précieux,
Recevez aujourd'hui l'épître
Qu'un de vos humbles serviteurs
Et qu'un de nos moindres rimeurs
Croit vous devoir à plus d'un titre.

Je me suis engagé à vous donner le

journal de notre voyage de Sorèze à Auch. Je m'empresse de satisfaire à ma promesse, en vous faisant le récit fidelle de ce que nous avons vu et de ce qui nous est arrivé de remarquable dans notre route.

Qui vient de loin peut mentir hardiment,
Nous dit un proverbe Normand,
Ou Gascon ; . . . car, sur cette affaire,
Dacier, de Cazaubon diffère.
Mais lequel des deux a raison :
Ce n'est ici la question.
Il suffit que de cet adage
Maint voyageur ait fait usage.
Témoin le dévôt Énéas,
Dont Céléno vida les plats ;
Témoin ce fameux roi d'Itaque,
Et son digne fils Télémaque ;
Témoin Lucas & Tavernier,

Tous gens craqueurs de leur métier.
Bachaumont & l'ami Chapelle,
Par quelques traits de fiction,
Embellirent même, dit-on,
De leur caravanne immortelle
La brillante narration.
J'ignore si la chose est telle,
Et je ne garantis fidelle
Une semblable assertion.

Pour moi, je tiens que d'un ouvrage
Le vrai fait toute la beauté ;
Vous le verrez par mon voyage,
Car c'est lui seul qui l'a dicté.
Or l'amour de la vérité
Fût-il ma seule qualité....
C'est encore un rare avantage.

Ne voulant point nous éloigner de Sorèze sans avoir fait une visite d'adieux au bassin de *St.-Fériol*, nous nous dirigeâmes de ce côté-là ; nous étions dévancés par les dames de Castelnaudary que nous avions vu chez vous, et qui avaient formé le même projet.

Nous les trouvâmes arrêtées à quelque distance du bassin, dans un pas difficile, où un de leurs chevaux venait de s'abattre. Pour éviter toute nouvelle mésaventure, nous fîmes, tout en *devisant*, le reste du chemin à pied. En mon particulier, je ne fus pas fâché de ce petit événement. La fraîcheur de la matinée, la variété des sites, et plus que cela, encore, les charmes de nos aimables voyageuses, à qui nous prêtions un bras hospitalier, me le firent regarder tout autrement que comme un contre-temps fâcheux. Pendant les *exercices* (1) je n'avais vu, pour ainsi dire, ces jeunes personnes qu'à travers tout le clinquant dont leurs appas étaient surchargés : je les trouvai mille fois plus attrayantes dans leur simple négligé de voyage.

Dans une beauté fraîche et pure,
A la plus brillante parure,
Je préfère un seul agrément.
Trop d'art étouffe la nature,
Trop d'apprêt nuit au sentiment.

Il en est d'une jolie femme comme de

(1) Qui ont lieu le 8 septembre, & terminent l'année scolaire.

certains livres, où l'heureux abandon de la nature sied mieux que tout le fini de l'art.

Que de souvenirs précieux se réveillèrent en moi, lorsque je revis ces bords si souvent témoins des jeux de mon enfance ! J'admirai encore cette imposante masse d'eau, ces digues, et toutes les parties de ce magnifique ouvrage.

Livré tout entier aux idées romantiques que ce lieu est si propre à inspirer, j'avais laissé derrière moi mes compagnons de voyage. En côtoyant le ruisseau qui sert d'épanchoir aux eaux du bassin, je me crus transporté parmi les héros de l'*Astrée*, sur les bords du *Lignon*.

J'étais plein de ces douces illusions, lorsque je m'avançai sous la grande voûte qui conduit aux robinets. J'entrevis dans l'ombre une divinité, que je pris aussitôt pour la reine de ces bords. Quelle que soit la crainte qu'inspire la présence des Dieux et des grands, je ne restai point court; et en homme qui sait vivre, je fis à ma Nymphe, d'un air tendre et soumis, une déclaration à peu près dans ces termes :

De ces beaux lieux, souveraine chérie,
Agréez, aimable *Égerie*,
Les humbles respects et les feux
D'un voyageur amoureux.
L'invincible attrait de vos charmes
L'a conduit sur ces bords heureux;

A son vainqueur il vient rendre les armes,
Lui plaire et le servir sont ses uniques vœux.
Que son tendre hommage vous touche :
O Nymphe, faites son bonheur !
Quand votre nom est dans sa bouche,
Votre image règne en son cœur.

J'attendais un merveilleux effet de mes protestations ; mais, à mon grand étonnement, ma harangue ne fut accueillie que par les éclats de rire immodérés de ma cruelle déité. Je reconnus alors que ma prétendue Égerie était Madame N.**, que la curiosité ou ses rêveries avaient, ainsi que moi, conduit dans cet endroit. Nous rejoignimes notre monde, qu'elle ne manqua pas d'égayer à mes dépens sur ma méprise. Pour moi, je soutins que cette erreur était bien pardonnable dans l'obscurité, et que tel autre s'y serait trompé au grand jour.

Cela n'est pas, au reste, aussi exagéré qu'on pourrait le penser.

Car, veut-on avoir en deux mots
Le portrait de Glicère?
Elle a l'âge du Dieu qu'on adore à Paphos,
Et les attraits de sa mère.

Du bassin (1) nous suivimes de l'œil la chaîne des hautes montagnes (2) qui protègent Sorèze. Elles nous auraient encore paru plus élevées, sans le voisinage des

(1) Le bassin de St.-Fériol est lui-même situé sur une montagne.

(2) La montagne noire.

Pyrénées, que l'on découvre de leur sommet.

Je me rappelai que vos montagnes et leurs vallons solitaires avaient été le théâtre de mes méditations et de mes courses vagabondes, pendant mon séjour au collège. Là,

J'ai vu des monts audacieux
Qui du temps bravent les outrages.
J'ai vu des rochers sourcilleux
Noircis par la rouille des âges,
Et qui, dans leurs flots caverneux,
Recèlent le feu des orages.
J'ai vu des antres ténébreux,
D'arides, de verts paysages,
Des torrens, dont les flots poudreux
Inondent au loin leurs rivages.
J'ai vu des bois myſtérieux

Dont les frais & discrets ombrages
Protègent les amans heureux,
Et les poëtes & les sages.

Vous-même, mon cher F....., vous avez éprouvé souvent l'influence de ces sites pittoresques, et vous leur devez, sans doute, vos plus beaux vers.

Nous nous aperçumes enfin que le temps s'écoulait; et, comme nous n'en avions plus à perdre,

Après avoir tout su, tout vu,
Après avoir tout parcouru,
Surtout avoir bien discouru,
Et tout cela pour un écu,
Reprenant enfin notre allure,
Nous remontons tous en voiture,
Et nous courons couci, couci,
Jusqu'à Revel, où nous voici.

Nos dames prenant la route de Castelnaudary, nous nous fimes de tendres adieux en entrant dans Revel. Il ne nous survint rien de remarquable de là jusqu'à Caraman, lieu de la couchée. Notre premier soin, en arrivant dans la capitale de ce comté, fut de visiter les édifices publics, et autres objets d'arts qu'elle possède dans son sein.

D'abord nous fumes sous la halle,
Puis nous vimes la cathédrale;
C'était quelque temple payen :
(Du moins est-il très-ancien.)
Mais ce qui bien fort me chagrine,
C'est que Vinet ni Gebelin
Ne parlent de son origine.
Quoiqu'il en soit, en temps serein
L'on peut danser dans ce lieu saint

Trois contre-danses à son aise,
(Ce qui pourtant à Dieu ne plaise) ;
Car ce serait sans nul propos
Scandaliser les gens dévots.

A l'exemple de M. d'*Anieres*, nous ne manquâmes pas d'aller rendre aussi une visite aux remparts, qui, pour le moins, le disputent en gentillesse à ceux d'Avignon.

Nous revoyons enfin les bords de la Garonne,
Lieux fortunés où Cérès et Pomone
Des mortels ont comblé les vœux.
La nature dans ces beaux lieux
A chaque pas offre à nos yeux
Des trésors inappréciables :
Enfin, ce charmant pays
Serait un vrai paradis
Si ses gens n'étaient pas si diables.

Nous étions à Toulouse le lendemain matin à dix heures. Nous consacrâmes une partie de notre temps à voir ce que renferme de curieux la cité *palladiène* (1). Les églises de *St.-Étienne* et de *St.-Sernin* fixèrent encore nos regards après celle de Caraman. Les bibliothèques de l'école centrale et de la préfecture nous offrirent des richesses dont les Toulousains doivent sentir le prix. Je donnai principalement mon attention à la partie de la littérature nationale.

---

(1) Les poëtes donnèrent à Toulouse le surnom de Palladia, pour indiquer le goût que ses habitans ont toujours montré pour les belles-lettres, et sans doute aussi par allusion au culte que les Toulousains rendaient à *Pallas*.

C'est là qu'on voit rangés en file,
Voiture près de Théophile,
Malherbe près de Dubartas,
Le chantre poudreux de Jonas
Près de Boileau qui fait la mine
A Quinault qui ne s'en plaint pas,
Et plus loin le tendre Racine
Entre Leclerc et son ami Coras (1).

Après avoir parcouru des yeux cet amas énorme d'ouvrages bons et mauvais qui forment notre littérature, je m'arrêtai à un volume de Parny, qui se trouvait sous

---

(1) Vers de l'épigramme de Racine contre *l'Iphigénie* de Leclerc. Au reste, ce *Coras*, immortalisé par Racine, était de Toulouse, ainsi que *La Serre*, dont le nom, sous les auspices de Boileau, passera également à la postérité.

ma main. Oui, dis-je, après avoir lu quelques vers à *Éléonore :*

Pour célébrer ses attraits
En vers qui fussent dignes d'elle,
Amour lui donna tout exprès
Une des plumes de son aile.

Nous fumes aussi au Musée, qu'on nous avait beaucoup vanté.

Le Dieu des arts, de la belle nature,
Apollon y tient sa cour,
Les Muses y font leur séjour ;
Mais, hélas ! ce n'est qu'en peinture.

On nous dit qu'elles habitaient d'une manière plus réelle dans un autre temple ; nous le crumes, mais nous ne pumes nous en assurer par nous-mêmes, ne nous trouvant point à une des époques des séances publiques de l'Athenée (1).

Nous terminâmes nos courses par le canal du midi. A l'aspect de ce monument immortel du grand siècle, l'admiration m'inspira les vers suivans, fruits d'un premier enthousiasme, et dont la magnificence du sujet peut seule faire pardonner le gigantesque.

Rome, n'exalte plus tes superbes travaux,
Égypte, vante moins tes antiques canaux,
Vous ne m'étonnez plus par vos rares merveilles,
Le siècle de Louis en produit de pareilles.
Riquet parle, & les monts s'abaissent à sa voix,
Les rochers ébranlés s'affaissent sous leurs poids;

(1) Cette Compagnie n'existe plus; elle a été remplacée par l'Académie des Jeux-Floraux.

Par l'effort de son bras les profondes vallées
A la hauteur des monts se trouvent élevées.
Soumises à ses lois, l'on voit deux vastes mers
Pour féconder la France unir leurs flots amers (1).

---

(1) Le canal du midi est le plus beau monument du dix-septième siècle. Proposé sous les règnes de *François I*, de *Henri IV* et de *Louis XIII*, il était destiné à enrichir le siècle de *Louis XIV* d'une merveille de plus. Un homme, dont le zèle, la patience et la fortune égalaient le génie, eut le noble courage d'entreprendre et d'exécuter cet immortel ouvrage. M. de *Riquet*, baron de Bonrepos, né pour les grandes choses, conçut l'utile projet de ce canal pour joindre l'Océan à la Méditerranée. Il fit part de ce projet à *Colbert*. Ce grand ministre le communiqua au roi; l'admiration du ministre et du souverain décida son adoption, & l'exécution du canal fut résolue.

Ce projet était vaste, il était hérissé de difficultés,

Nous apprîmes que les divers établissemens et les monumens que nous venions

---

il exigeait un grand développement de moyens ; il fallait dompter la nature, creuser des aqueducs profonds, établir d'immenses réservoirs, franchir des rivières, percer des montagnes, multiplier les écluses, élever les eaux, les faire descendre dans une sage proportion, jeter des ponts, assujettir enfin 164 lieues de terrain à toutes les règles de l'hydraulique. Malgré tous ces obstacles et la perspective des travaux immenses qu'il fallait faire pour les vaincre, M. de *Riquet* reconnut la possibilité d'exécuter son projet, et dans moins de dix-sept ans ce bel ouvrage fut terminé.

Le P. *Mourgues* dit à ce sujet : « Il est surprenant qu'on n'ait employé que quatre ans à le projeter, que quinze ans à le faire, et que dix-huit mois à le perfectionner. Nous dirons, ajoute-t-il, à la gloire du de visiter, devaient beaucoup à l'empressement que M. le préfet *Richard* (1) n'avait cessé de montrer pour leur conservation et leur restauration (2) depuis qu'il administrait ce département. Cet éloge nous parut d'autant moins suspect, que nous n'ignorions pas que le magistrat à qui il était adressé, joint aux qualités qui distinguent l'homme d'état et le grand administrateur,

---

roi, à celle de M. *Colbert* et à celle de feu M. de *Riquet*, que ce canal est le plus grand et le plus surprenant de tous les ouvrages qu'on ait jamais faits en Europe et peut-être dans toutes les autres parties du monde. »

(1) Maintenant préfet de la Charente-Inférieure.

(2) Toulouse lui doit tout récemment le rétablissement de ses Jeux-Floraux.

le mérite de l'ami des arts et des lettres, et que l'on voit revivre à la fois dans sa personne les talens et l'amour du bien public, des Duranti, des Riquet et des Brienne, noms toujours chers à la province de Languedoc.

Par leur zèle animé, fidelle à leur mémoire,
Sans cesse il marche sur leurs pas ;
Et comme ces mortels révérés dans l'histoire,
Il eut des ennemis qu'il ne mérita pas.

On donna pendant notre séjour à Toulouse une représentation de la *Mère coupable*, de Beaumarchais. Cette pièce, qui avait attiré beaucoup de monde, ne me plut guère davantage au théâtre, qu'elle ne l'avait fait à la lecture.

Il faut que par-fois l'on badine ;
Je hais Thalie à l'œil hagard :
J'aime à pleurer avec Racine,
Mais j'aime à rire avec Regnard.

Enfin le soir, entre onze et douze,
Incognito, non sans fracas,
Nous quittons la docte Toulouse,
Et nous courons à petit pas
Vers notre ordinaire demeure,
Avec un bruit qu'on n'entend pas,
Vu que chacun dort à cette heure.

Nous courumes ainsi jusqu'à l'Isle-Jourdain. Quoiqu'il y ait eu jadis une *élection*, et depuis un *district* dans cette ville, permettez que nous passions outre pour ne nous arrêter qu'à Gimont, où quelques personnes, sachant que nous venions de

Sorèze, nous demandèrent des nouvelles du professeur R.***, qui avait régenté autrefois dans leur collége ; entr'autres un ecclésiastique vénérable par son âge, ancien principal de Gimont, m'aborda en ces termes :

N'auriez-vous pas vu par hasard,
Dit-il, en me prenant à part,
Certain jeune homme, petit, mince,
Qui toujours chante, saute, pince,
Ayant de l'esprit comme un Dieu,
De la malice comme un Diable,
Qui jadis habita ce lieu,
Et qui fut mon justiciable.

Je lui répondis que je l'avais vu, qu'il se portait bien, et qu'au reste il était toujours le même.

Nous remontâmes bientôt en voiture, pour n'en descendre qu'à Auch, qui devait être le *nec plus ultrà* de notre course lointaine.

Ainsi se termina notre voyage de Sorèze sans aucun de ces événemens remarquables, ni de ces grands incidens qui attachent si fortement l'esprit du lecteur. Il nous laissa pénétrés d'estime pour les aimables hôtes de ce lieu; et en particulier, de la plus tendre vénération pour la divine *Émilie.*

Non pour cette docte Émilie,
Dont Arouet avec fracas
Célébra le triste génie,
Et qui se traîna sur les pas

Et de Newton, et d'Uranie (1).
Mais pour cette jeune Émilie (2),
L'apologie et l'ornement
De ce sexe toujours charmant
Qu'on adore et qu'on calomnie.
Mais pour cette femme accomplie,
Dont le tendre amour t'a doté :
Pour cette sensible beauté
Pareille à la Divinité
Qu'adorent Amathonte et Gnide,

---

(1) La marquise du Châtelet.

(2) Madame F.... Il ne reste plus de cette femme charmante, que le souvenir de ses vertus. Une mort cruelle vient de l'enlever, au printemps de ses jours, à sa famille et à ses amis, inconsolables de sa perte. L'auteur s'est rendu l'interprète de leurs douleurs dans une élégie insérée dans le Mercure de France et dans la Revue philosophique, et que l'on trouvera à la suite de ce Voyage.

Et qui profonde dans cet art
Chanté par Ovide et Bernard,
Laisse à *Serres* (1) celui d'Euclide.

Puisse ce journal de notre voyage, vous rendre à l'un et à l'autre une faible partie du plaisir que nous avons goûté près de vous ! Je n'ose toutefois l'espérer.

Un voyageur doit amuser,
C'est là sa principale affaire.
Tout savant a l'art d'ennuyer,
Tout céladon celui d'aimer,
Peu de conteurs ont l'art de plaire.

Peut-être l'intérêt que vous portez à l'auteur s'étendra-t-il jusque sur sa production. Mais comme elle pourrait tomber

---

(1) Très-bon professeur de mathématiques de Sorèze.

dans les mains de quelque *Aristarque*, chez qui elle ne trouverait pas le même penchant à l'indulgence, j'ai pensé que, dans tous les cas, l'appendice suivante ne serait pas de trop.

Grave lecteur, de la critique épris,
Pour mon récit je te demande grâce ;
De ses défauts, censeur ne t'embarrasse ;
Mais souviens-toi de ce petit avis.
Lorsqu'au public on offre ses écrits,
L'esprit seul brille et le cœur est de glace ;
 Mais quand on parle à ses amis,
L'esprit se tait, et le cœur prend sa place.

FIN.

ÉLÉGIE

SUR

LA MORT DE M.de F....

ELLE n'est plus cette beauté touchante,
De son sexe à la fois le modèle & l'orgueil !
Elle n'est plus, et la mort dévorante
Aux portes de la vie a creusé son cercueil !
En vain j'ai vu briller ses attraits, sa jeunesse,
Son aimable candeur, sa grace enchanteresse,
Sa douce piété fidelle aux malheureux ;
Ni les pleurs d'un époux, ni les soins d'une mère,
Ni d'un père éperdu la fervente prière,
N'ont pu la dérober à son sort rigoureux.

O tendre rose, à peine épanouie,
Tu descends de ta tige au matin de la vie,

Un souffle ravisseur t'enlève à notre amour !
O reine des jardins de Flore,
Si tu ne parus qu'une aurore,
Ce fut au moins l'aurore d'un beau jour !

Toi qu'énorgueillit sa tendresse,
Et que charmait l'éclat de ses beaux ans,
Hôte des graces, des talens,
Sorèze, qu'as-tu fait de ta jeune maîtresse ?
O champs silencieux, séjour de la tristesse,
Pour vous l'année a perdu son printemps !
Nymphes du Sor (1) dont elle aima les rives,
Pleurez votre aimable sœur ;
Pleurez, & que vos voix plaintives
Se mêlent aux soupirs qu'exhale ma douleur.

Étrangers que nos jeux (2), au retour de Pomone,

---

(1) Le Sor, petite rivière qui donne son nom au Sorézois.

(2) Les exercices publics de l'École de Sorèze, qui ont lieu chaque année au mois de septembre.

Ramènent sur ces bords chers au fils de Latone,
Hélas! vous demandez la reine de ces lieux,
La beauté qui charmait et vos cœurs et vos yeux,
Émilie.... O douleur! quel nom viens-je d'entendre?
Vous cherchez Émilie.... Ah! vous foulez sa cendre!

Et vous qui du génie interprètes futurs,
Croissez pour les beaux arts à l'ombre de nos murs,
Dans vos chants inspirés par la mélancolie,
Intéressez l'Olympe au destin d'Émilie;
Faites gémir la lyre, et que ses doux accords,
Fléchissent de noûveau le roi des sombres bords.

Adieu graces, amours, adieu troupe immortelle,
Qui pour jamais nous avez fui:
De cette femme, et si jeune et si belle,
Que nous reste-t-il aujourd'hui?
Un marbre inanimé comme elle.

LETTRE
A MA SŒUR,
ÉCRITE
DE BAGNÈRES-DE-LUCHON.

ENVOI.

De ces vers accepte l'hommage ;
La nature les a dictés :
Ah ! lorsque j'ai peint ses beautés,
Tu m'offrais, ô ma sœur, son plus charmant ouvrage.

LETTRE A MA SŒUR,

ÉCRITE

DE BAGNÈRES-DE-LUCHON.

Août 1807.

O toi, dont la sagesse allie
Les graves propos, les chansons,
Qui sais plier à tous les tons
Une heureuse philosophie,
Sensible et folâtre Eugénie,
Qui par l'esprit, les graces embellie,
Brille tour-à-tour de leurs dons,
Je t'écris du pied de ces monts,
Remparts de l'antique Hibérie,
Auprès de ces sources de vie,

Trésors dont la divine Hygie
Enrichit ces heureux cantons!

La vallée de Bagnères-de-Luchon est une des plus agréables des Pyrénées. Elle s'ouvre du côté de l'Espagne à Castelviel, et se prolonge jusqu'à la plaine de la Garonne, à quelques distances de Monrejeau. Elle est très-boisée, et les torrens qui l'arrosent la rendent fertile en pâturages. On y récolte principalement du blé noir et du maïs, ou blé d'Espagne. Ses montagnes, près de Luchon, ne sont pas généralement décharnées comme celles de Barèges et de Cauterets; la plupart sont cultivées, ou couvertes de bois et de prairies. Elle possède plusieurs villages. La petite ville de Luchon, située au fond de la vallée, peut renfermer 2000 habitans. L'intérieur en est laid et mal bâti ; mais l'allée qui mène aux bains est plantée de beaux arbres, et bordée, des deux côtés, de jolies maisons : c'est le quartier brillant et le seul habité par les étrangers aisés, qui ne vont guères s'établir en ville que lorsque tous les logemens donnant sur l'allée sont occupés.

L'établissement thermal sera digne, dans quelques années, de la réputation des eaux. On le reconstruit à neuf, et les deux tiers de l'édifice sont déjà élevés et mis à la disposition du public. L'ancien bâtiment était sale, incommode et mal tenu.

On jouit à Luchon, ma chère Eugénie, de l'aspect pittoresque des montagnes, et du spectacle de la nature en grand.

Elle s'offre ici dans toute sa pompe et sa magnificence.

Du sein de fertiles vallons
J'admire l'imposante masse
De ces Titans, qui de leurs fronts
Dans les cieux vont cacher l'audace.
L'hiver, sur leurs cimes de glace,
S'entoure d'éternels frimats,
Et règne, immuable à sa place,
Sur ses solitaires états.

Ces beautés mâles et fières agrandissent le cercle de nos sensations et de nos idées ; elles élèvent la pensée et multiplient ses jouissances. L'on se sent fortement inspiré dans ces hautes demeures : les charmes sauvages dont s'y pare la nature sont favorables aux élans de l'imagination, et le souffle poétique s'y mêle à ces flots de l'air pur qu'on y respire. On sent, quand on a parcouru ces régions élevées, que le poëte a dû placer l'asile des Muses sur le sommet d'une montagne. C'est là seulement qu'il éprouve toute la force de leur influence, et que, véritable *Vates*, il se montre plein du Dieu qui habite en lui. Au reste, le favori des neuf Sœurs n'est pas le seul soumis au pouvoir magique des lieux que je décris.

Ici le sage, épris des champêtres loisirs,
Vient respirer un air pur comme ses plaisirs.
Le mortel qu'engourdit le froid de la vieillesse,
Avec ses souvenirs retrouve sa jeunesse.
A l'âge mûr déjà brûlant d'appartenir,
Le jeune homme s'élance au sein de l'avenir :
L'imagination, sa muse et son amie,
Embellit à ses yeux les scènes de la vie.

Ah ! qu'un destin cruel un jour trompe ses vœux,
Par l'espoir du bonheur, d'avance il est heureux.
Mais ce charme secret dont on ressent l'empire,
Est encore plus puissant quand l'amour nous inspire.
Plus solitaire, ici j'écoute mieux mon cœur,
La tendre rêverie éveille son ardeur :
Vers un aimable sœur c'est lui qui me rappelle,
La douce illusion me transporte près d'elle ;
Et ma voix attendrie en invoquant son nom,
Fait soupirer l'écho des grottes de Luchon.
Dans ces sentiers fleuris, près de cette onde pure,
Mon cœur s'épanouit, ainsi que la nature.

Tout à Luchon invite aux sentimens tendres et mélancoliques. Ces vallées si riches et si fécondes, qui contrastent si bien avec l'âpre aridité des rochers escarpés qui les environnent, et nous offrent l'opposition constante de la nature inculte et sauvage, et de la nature cultivée; la sombre verdure des sapins qui couronnent ces monts ; le bruit continu des cascades et des torrens qui se précipitent avec fracas de leurs sommets ; ces eaux si limpides, ces ombrages si frais, et qui font de l'automne un second printemps ; ces villages si variés, asiles de la paix et du bonheur, placés en amphithéâtre sur le penchant des montagnes, et répandus avec profusion dans le vallon, impriment à l'ame un caractère de langueur et de volupté, qui la dispose aux douces impressions de l'amour, et aux épanchemens de l'amitié.

Ah ! que ne puis-je en ces beaux lieux,
Entre ma sœur et mon amie,
Loin des soucis et des fâcheux,
Couler des jours digne d'envie,

Et dire, au terme de ma vie,
Près d'elles je vécus heureux.

Au reste, si l'on a rarement le bonheur de posséder avec soi une sœur adorée au milieu de ces sites romantiques, on y trouve souvent une maîtresse aimable, et l'amant n'y rêve pas toujours à l'objet absent de sa tendresse. Ici, comme par-tout ailleurs, la présence gagne les dépens; et les belles de la montagne obtiennent souvent la préférence sur celles de la plaine. C'est là un des devoirs que nous impose l'hospitalité. Il faut bien reconnaître les bons offices des hôtes qui nous font accueil. Quelque douce et quelque aisée qu'une pareille vertu nous paraisse à pratiquer, elle n'en est pas moins méritoire.

Sachons aimer dans l'âge des amours,
C'est, à mon sens, la plus douce folie;
Sachons jouir du printemps de la vie,
Car avec lui s'éclipsent nos beaux jours:
L'âge mûr vient, il arrête leur cours.
L'illusion, la compagne chérie
De nos plaisirs, s'envole pour toujours.
Adieu transports, sensibles rêveries,
Adieu bosquets, ruisseaux, vertes prairies,
Tout est muet, hélas! sans son secours.
C'est par son art, ses magiques atours,
Que Joséphine, Élisa, Mélanie,
Ont su régner sur mon ame attendrie;
Que la première, en partageant mes feux,
Me tient encor dans ses lacs amoureux.
O tendre amour, ô reine d'Idalie,
Je vous dois tout, vous seuls êtes mes Dieux!

Dans les hameaux de la vallée de Bagnères-de-Luchon, comme presque par-tout, il y a chaque année une fête votive, fixée pour l'ordinaire au jour de celle du patron de la paroisse. Le beau monde des eaux ne dédaigne pas de se mêler aux danses et aux jeux des bons montagnards. Là, tous les rangs sont un moment confondus : on n'est pas fier quand on a du plaisir. Pendant mon séjour ici, j'ai assisté à une de ces fêtes pastorales; elle me rappelait ces *divertissemens* d'opéras comiques, dans lesquels le seigneur et la société du château partagent les plaisirs et la gaieté des vassaux de la terre, et ces scènes flamandes de *Teniers*, si fraîches, si gaies et si pittoresques.

Des plaisirs des champs, ma chère Eugénie, passons à ceux de la ville, et parlons des distractions et des agrémens qu'offre Bagnères-de-Luchon lui-même. Ils sont plus ou moins multipliés selon la saison, la quantité, et sur-tout le genre et la manière d'être des étrangers qui forment la société des eaux : elle a été nombreuse et brillante cette année. Mlle. de T..... digne de la grande princesse dont le sang coule dans ses veines, Md.e la comtesse de S.... noble dame polonaise, et Md.e J... femme du banquier, n'ont pas peu contribué à en multiplier les jouissances, en donnant plusieurs fêtes champêtres et de très-beaux bals, auxquels a assisté toute la bonne compagnie de Luchon. Là ont brillé, entre les belles, Mesd.es B..... H'..... L..... etc., et particulièrement les deux demoiselles P..... de Bordeaux, et leur aimable mère, qu'on eût pris également pour la mère des Graces, ou pour l'aînée de ces divinités. Après ces réunions particulières, les plus brillantes et les plus suivies ont été celles du *Waux-Hall :* cet établissement est ouvert tous les jours aux plaisirs de la société. On y donne deux bals par semaine. Les soirées où l'on n'y danse pas, sont consacrées à des jeux enfantins. Je sais bien que ces amusemens *innocens*, auxquels se livrent des gens qui ne le sont guères, ont, aux yeux de l'observateur sévère, quelque chose de niais et de puérile. Mais le plaisir n'y regarde pas de si près ; et pourvu qu'on se divertisse et qu'on se distraise (j'entends par des moyens honnêtes), il importe peu comment. Il en est des jeux dans la société, comme des genres en littérature ; tous sont bons, hors les ennuyeux.

Tel est l'emploi des soirées à Luchon. On consacre la journée au soin de sa santé, et à des courses à cheval dans la montagne. Les plus usitées sont celles à Benasque, la première ville appartenant à l'Espagne du côté de Luchon, à la vallée du Lys, et au lac appelé dans le pays *Séculejo* (1), au fond de la belle et riche vallée de l'Arbouste, à quatre heures de marche de Bagnères. Le docteur Sengez, homme d'esprit, médecin et naturaliste distingué, est l'ame de toutes ces parties. C'est le *cicerone* des montagnes de Luchon : elles ne pouvaient avoir un démonstra-

(1) Ce lac est dominé par quatre autres lacs non moins considérables, dont le dernier est glacé. Voyez leur description dans les observations sur les Pyrénées, de M. de Ramond.

teur plus gai, plus spirituel et plus aimable. M. Sengez voulut bien nous accompagner au Séculejo. Ce lac est un des plus considérables des Pyrénées ; on y parvient après avoir gravi péniblement pendant l'espace de trois quarts d'heure, à travers les sapins, les rochers et les torrens, une montagne escarpée, au sein de laquelle il est situé. Le bassin, de forme circulaire, a 4000 toises de circonférence. Au pas ordinaire et sans s'arrêter, il faut quatre-vingts minutes pour en faire le tour. Il se trouve élevé à 300 toises au-dessus de la base de la montagne, et à près de 1000 au-dessus du niveau de la mer. Il est surmonté d'un amphithéâtre de rochers, et alimenté par une cascade qui présente un volume d'eau très-considérable dans toutes les saisons de l'année, et dont la chute a 800 pieds de hauteur (1) : le Séculejo donne naissance à une petite rivière appelée le *Go* jusqu'au village d'OO, peu distant du lac (2), et qui, en cet endroit, prend le nom de la Neste de l'Arbouste. Ce torrent parcourt successivement la vallée de ce nom et celle de Luchon, et se jette dans une des principales sources de la Garonne, à Cierp, à deux lieues au-dessous de Bagnères.

Au retour du lac, nous nous arrêtâmes à *St-Aventin*, village que l'on rencontre sur la route, et nous fumes visi-

(1) D'après les calculs de M. Sengez : M. de Ramond lui donne moins d'élévation.

(2) Ce qui fait qu'on appelle quelquefois le lac Séculejo, lac d'OO.

ter son église. Elle est très-ancienne, et l'on présume qu'elle a été bâtie par les Templiers (qui avaient de grands biens dans ces contrées), quoique aucun monument authentique ne l'atteste. Les antiquaires font grand cas des sculptures du portail, précieuses à raison des temps reculés où elles ont été faites. On remarque également autour des murs extérieurs de la même église, plusieurs bas-reliefs gothiques estimés, qui appartiennent à la même époque. On voit aussi, incrustés dans la muraille, divers autels votifs d'une belle conservation, dédiés aux Nymphes de Luchon en reconnaissance des cures opérées par leurs eaux, et des inscriptions funéraires qui remontent au paganisme. Dans l'intérieur, quelques sculptures en bois et la grille gothique qui sépare le maître-autel du reste de l'église, méritent de même d'être distinguées pour leur antiquité et le fini du travail. Le bon curé, dans son enthousiasme pour tout ce qui concerne son église, ne nous fit pas même grâce de la revue de ses ornemens, et de l'histoire de son saint qui fait le sujet des sculptures extérieures dont nous venons de parler : cette histoire, au surplus, en vaut bien une autre.

Saint Aventin, ce grand martyr,
N'est point un saint de contrebande :
Près de Saint Roch et de Saint Cyr
Il figure dans la légende.

J'ai pour autorité le curé du village et les murs de son église.

Un jour Saint Aventin, apôtre, martyr et patron de son église, prêchait la foi de Jésus-Christ aux habitans de la montagne, encore ensevelis dans les ténèbres du paganisme; un de ses auditeurs, las d'entendre ses éternels sermons,

Sans dire gare ni holà,
Brutalement le décolla:
Le béat son chef ramassa,
Amoureusement l'embrassa;
Puis son dernier gîte il creusa,
Et tête et corps il y posa.
Un taureau qui s'en avisa,
Sur sa tombe s'agenouilla,
Et fort dévotement beugla.
Un ange dans les airs parla,
Notre martyr on exhuma,
Incontinent on le chôma,
En argent pur on l'enchassa,

Dans son église on le plaça :
Ensuite on la lui consacra,
Maint beau miracle il opéra,
Qui lui valut maint libera.
Aux lieux où son corps l'on trouva,
Une chapelle on éleva :
En peu de mots, ma sœur, voilà,
L'histoire de ce grand saint - là.

Laissons M. Saint Aventin, son église et son curé, qui certainement ne s'occupent point de nous, et retournons à Luchon. Un des travers des étrangers qui s'y rendent, est *la gentilhomanie*. Tout le monde y veut être noble et riche, en dépit de la fortune et de ses aïeux. Je ne finirais point, si j'énumérais les ridicules auxquels cette prétention, plus commune aujourd'hui que jamais, donne naissance chez ces *nobles-impromptus*.

Chacun de ces bourgeois-gentilhommes a son nom de guerre et d'emprunt, toujours très-sonore s'il n'est pas très-connu : quant à celui de famille, on le tient aussi secret que possible ; mais la malignité ne perd rien à ce silence. On va à pied en vantant ses équipages absens ; et, dans tout cela, le moins beau est toujours ce qu'on présente à nos regards contre la règle ordinaire.

Tous les jours on rencontre à Luchon,

> Maint quidam de morgue pétri,
> Noble et riche comme Tuffiere,
> Spirituel comme d'Aniere,
> Et brave comme Scudéri.

Ce *bienheureux Scudéri* ne parlait pas avec plus d'emphase de son gouvernement de Notre-Dame de Lagarde, que ces Messieurs de leurs châteaux, de leurs fiefs, etc.

Ces fiers marquis, ces hauts barons,
Dans les airs grands propriétaires,
De leurs parcs et de leurs donjons
Couvrent le pays des chimères;
Et possesseurs de vastes terres
Dans ces sublimes régions,
Bâtissent au-delà des monts (1)
Leurs beaux châteaux imaginaires.

Chaque siècle a ses *Jourdains* et ses *Mascarilles* : les bains et les douches qui font de si merveilleuses cures d'ailleurs, ont aussi peu de vertu pour guérir de pareilles maladies, que les plaisanteries de Molière. Le ridicule ne corrige ni les travers de

---

(1) En Espagne.

l'amour-propre, ni les vices du cœur.

Mais c'est assez t'entretenir, ma chère Eugénie, de Bagnères-de-Luchon, de ses montagnes, de ses plaisirs, et de ses habitans. Il est temps que nous reprenions haleine l'un et l'autre.

Sur des bords moins aimés des Dieux
Un triste devoir me ramène :
Hélas! je regagne la plaine,
Et j'abandonne ces beaux lieux.
En fuyant, avec moi j'emporte leur image :
Heureux, si la fortune accessible à mes vœux
M'offre une sœur chérie, au terme du voyage.

C. A. CHAUDRUC.

FIN.

www.ingramcontent.com/pod-product-compliance
Ingram Content Group UK Ltd.
Pitfield, Milton Keynes, MK11 3LW, UK
UKHW012106240726
13965UKWH00004B/1574

9 782013 073370